CHWARAE MIG

Chwarae

Mig

EMYR LEWIS

Cyhoeddiadau Barddas 1995

(h) Emyr Lewis

Argraffiad cyntaf – 1995
Ail argraffiad – 1998

ISBN 1–900437–28–7

Y mae Cyhoeddiadau Barddas
yn gweithio gyda chefnogaeth ariannol
Cyngor Celfyddydau Cymru,
a chyhoeddwyd y gyfrol hon gyda chymorth y Cyngor.

Ymddangosodd nifer o'r cerddi a gynhwysir yma (neu ryw lun arnynt)
yn y cyhoeddiadau canlynol, ac 'rwyf am gydnabod fy niolchgarwch i'r
golygyddion am eu cyhoeddi, ac, mewn sawl achos, eu hannog:
Barddas, Barn, Cristion, Golwg, Tafod y Ddraig, Taliesin; ac yn arbennig
i olygyddion *Cywyddau Cyhoeddus,* Iwan Llwyd a Myrddin ap Dafydd.
Mae nifer yn gynnyrch Talwrn y Beirdd, ac mae'r un diolch yn
ddyledus i'r BBC yn eu hachos nhw. Diolch hefyd i'r Eisteddfod
Genedlaethol am bob cymorth mewn cysylltiad â chynnwys
yr awdl 'Chwyldro' yn y casgliad.

Diolch i'r holl gyfeillion a fu'n helpu ac yn annog,
a diolch yn bennaf i Angharad.

Cyhoeddwyd gan Gyhoeddiadau Barddas
Argraffwyd gan Wasg Dinefwr, Llandybïe, Sir Gaerfyrddin

Cynnwys

Cadi

Pan ddawnsiodd Cadi ar y traeth
ar ddiwrnod cynta'r cread
'doedd neb i weld y patrwm wnaeth,
i ddirnad ei dyhead,
wrth i'w hanadlu yrru'n gynt
ei thraed chwyrlïog ar eu hynt,
dim ond yr heli ar y gwynt
yn hallt drwy'i gwallt yn gwau.

Pan ddawnsiodd Cadi ar y lawnt
gan ddiosg ei sandalau
aeth dysgedigion brith Caergrawnt
o dan eu pren afalau
i grafu pen a phwslo'n syn
a chraffu ar ei sodlau gwyn
(mor gywrain oedd y camau hyn)
a'u gwaed yn bywiocáu.

Pan ddawnsiodd Cadi gyda mi
â'i gwallt yn fy anwylo
ni wyddwn pa mor hen oedd hi
nes cydio yn ei dwylo,
gan ddilyn lle'r arweiniai'i thraed
a theimlo rhusio twym ei gwaed
drwy'r gwythiennau gwddyn wnaed
pan oedd y byd yn iau.

Yr Ais

Awel Ionawr fileinig,
eira mân yn chwarae mig
rhwng llafnau y golau gwan,
rhwydwaith y lampau trydan.

Dynion mewn ceir diwyneb
fel malwod, yn 'nabod neb,
dynion neis, gwâr, dinesig
ar frys yn llif yr awr frig,
linell am linell ymlaen,
dewrion y strydoedd diraen,
heibio'r sêls yn ddiberswâd,
yn gyrru'n ôl at gariad.

Sych heno peswch henaint:
gafael cadarn haearn haint
fel gefel mewn ysgyfaint.
Egar yw gwasgu agos
y pinsiwrn yn nwrn y nos.
Mae o'n oer, mae o'n aros.
Yng nghanol ei guwch solet
yn grimp y mae sigarèt
yn dân o hyd dan ei het.
Rhwygo brwnt y barrug brau
yn iasoer ar ei goesau,
a llwydrew'n startsio'r llodrau,
yn brathu'r croen drwy'r brethyn
sy'n frau a thenau a thynn:
yntau ar goll fel plentyn.

Dyma gaethglud y mudion
heb lais yn eu Babilon.
Gobaith yw'r car sy'n gwibio,
cwrs ar hyd tarmac y co'
i wal frics. Mae awel fraith
uffern y strydoedd diffaith
yn adnabod anobaith.

Yr Efengyl yn ôl Rusty James

(*Breuddwyd Americanaidd*)

Llygaid cathod yn y nos
ydyw'r llewyrch ar fy llwybrau
pan fydd Duw yn sibrwd "Dos"
am y gorwel lle mae tonnau
y Môr Tawel yn taranu
ar y tywod dan y sêr
ac mae amser yn diflannu
ym mhatrymau'r trochion blêr.

Amser ddaw cyn toriad gwawr,
amser tanio'r modur eto,
cicio'r startar tua'r llawr
heb amynedd, gan anghofio
bod pris petrol yn cynyddu
(ond i'r Duwdod, beth yw'r gost?)
a lle bûm yn aflonyddu
'does ond oel a mwg egsôst.

Nid oes ryddid yn y byd
yr wyf innau'n ei adnabod
nad yw'n troi'n gaethiwed clyd
wrth im synfyfyrio ormod
ar ei odidowgrwydd agos
(ces fy ngeni'n groes i'r graen):
pan fydd Duw yn sibrwd "Aros",
dyna adeg symud 'mlaen.

Cân y Bogel

(gyda throed-nodiadau)

Mewn byd ansicir, un peth sy'n gwbwl ddiogel:
Ymysg y caneuon nas canwyd mae cân y bogel.

Rhyfedd yw hyn o 'styried y rhan ym mytholeg
Y Celtiaid gynt y chwaraeai bwlyn bioleg.

(O leiaf yn ôl damcaniaeth y Brodyr Rees
Mewn llyfr[1] go swmpus ond nid afresymol ei bris[2])

Credent (y Celtiaid) fod marcyn ei genedigaeth
I'w ganfod rywle ar fola y greadigaeth,

Lle torrwyd y cortyn tenau rhwng nef a llawr
Pan lithrodd yn nwylo'r duwiau y Siswrn Mawr,

Ac nid oedd problem wrth hynny o gwbwl cyhyd
Â bod pawb yn cytuno ym mhle'r oedd bogel y byd,

Ond yn ôl ein harfer, fe gwympon ni Geltiaid mas,
Gan sibrwd yn dywyll i'n medd a chuchio'n gas;

Pob llwyth yn canfod ei fogel drosto'i hun,
Gan fynnu, wrth reswm, mai dyna yr unig un.

Diflannodd 'rhen lwythi i ganol nos o gadnòid,
Ond daeth bogeiliaid newydd a Sigmund Freud;

A phob unigolyn bellach sy'n agor ei grys
Ac at ganol ei fol ei hun yn pwyntio'i fys.

A beth yw neges y geiriau hyn a'u nod?
Nid yw'n ddiogel, mae cân y bogel yn bod.

---

[1] *Celtic Heritage* gan y Reesiaid Alwyn a Brinley
[2] Un bunt naw-deg-pump *Net in UK only*

Gwawr

Sŵn trên drwy seintwar heno
yn sgytwad, a'm cwsg eto
yn chwâl drwy'i glindarddach o.

Ellyll hunllef yn llefain
am eiliad pigog milain
yn danchwa swta o sain.

Ennyd nad yw'n ddihuno
a haid cythreuliaid y co'n
nadreddu'n wenwyn drwyddo.

Gwreichion o eingion angof
yn rhuo'n burdan drwof
a chynnau coed sychion cof.

Angof a chof yn un chwa
aflonydd a ddiflanna;
a lluddias fy nghorff iasoer
wna parlys arswydus oer.

Mor hir yw'r dadmer araf,
ond cwffio yn effro wnaf,
a syllaf o'm gwres allan
i dir mud yr oriau mân.

Gwelaf bedol o olau
i bwll oer yn ymbellhau,
a sŵn trên sy'n taranu
yn dawel trwy dwnel du.

A niwl sy'n dadfeilio'r nos,
yn dwgyd fy myd agos;
anwesa'r tai dinesig
a rhwymo'i fraich hir am frig
eu toeau llwydion tywyll
a rhwd eu cwteri hyll.

Un dihunan a dinwyf – ynys noeth
    yn nheyrnas niwl ydwyf,

o dan orchudd fy mhruddglwyf
dinesig ynysig wyf.

Y mae'r 'wyf' yn fy mrifo, – yr hunan
   fel draenen yn pigo,
gwayw angof yn gwingo
fel cynrhon cyrion y co'.

Damwain ydyw munudau – annychwel
   anochel ein dyddiau,
onid damwain atomau
plethedig ein briwgig brau?

Daw sŵn trên trwy'r niwlen eilwaith – a brath
   y brêc ar fetelwaith
olwynion sy'n cloi unwaith
fel dannedd diwedd y daith.

Y niwl sy'n lladd manylion – ddiflannodd
   fel anadl hen ddynion;
i ddawns oer y ddinas hon
egyr fy llygaid gweigion.

Gweld gwlad o oleuadau – yn lludw
   y llwydwawr yn bigau,
a gweld y strydoedd yn gwau
i'w gilydd yn y golau.

Gwynt gwyllt fel magnet o'i go'
o le i le'n chwyrlïo,
yn poeri hen bapurau
hyd y stryd, a'r storïau
fu ddoe mor ddwys a phwysig
yn y mwd yn chwarae mig
â sborion gwlyb disberod
dinas y baw, hyd nes bod
rhu diystyr didestun
dwsinau o eiriau'n un.

Wele'n awr y ddalen hon
oedd yn waedd o newyddion,

fu'n dyrnu brawl y deyrnas;
uwd brith yw'r penawdau bras.

Hen boer yw trên y bore,
ffag a llwch a diffyg lle,
ei lawn o benelinau
a deg yn eisteddle dau,
gwŷr blin mewn seti'n swta
heb air doeth na "bore da",
yn rhannu gwg ar drên gwawr,
haid golledig y llwydwawr.

Yn dorf fraith hyd yr awr frys
llifa byddin hunllefus
eneidiau dirifedi
o rwymau trên platfform tri.

Ac yma lle llifa'r llu
mae henwr yn cwmanu,
a brygawthan bregethu,

a throi'i gefn at ruthr y gwynt,
gwyro gwar rhag ei gerrynt,
yn chwyrn, gan guchio arnynt;

"Hwn yw fy llyfr, yn fy llaw
y treuliwyd ei ledr hylaw,
rhwygwyd lliain ei feingefn
wedi'r oes o ddweud y drefn,
ei feinwe'n dadelfennu
yn dwll dan y cloriau du,
a throi'n niwl lythrennau aur
eglured gynt ar gloriau'r
hen erfyn cydymffurfiaeth
ddefnyddiwn i gadw'n gaeth
gymaint o saint ar y Sul
yng nghrafangau'r Efengyl.

"Hon yw coler cywilydd,
iwnifform fy nhipyn ffydd,
hon yw y siwt wisgais i'n

addurn ym mhob cwrdd gweddi,
ei 'dafedd sy'n nadreddu,
aeth yn dwll ei brethyn du.

"Cerddaf lle nad oes cyrddau
yn dawel drwy'r capel cau
ynysig o fydysawd,
drwy'r ddinas, heb ras na brawd;
ym mynwent ei phalmentydd
llwyd y diffoddwyd fy ffydd.
Nid yw edau y Duwdod
yn bwyth drwy frethyn ein bod."

O'i gwmpas y mae sasiwn
hynod y cathod a'r cŵn.

Yn ei ben mae bachgen bach
yn heulwen oes siriolach
yn cydio dwylo ei dad,
dwylo cawr, dwylo cariad;
dau rith hyd rith o draethell
yn haul poeth gorffennol pell.

Mae disgleirdeb coll mebyd
yn edliw heddiw o hyd,
lle bu gwefus yn gusan
mae ôl ysgrafellu mân,
a dagrau hyd rychau a red
lle mae cyllell lem colled
'di'i gyrru i'w gnawd gerwin;
a'i ddwylo crych sy'n ddail crin.

A holaf yn fy nghalon
ai drych ydyw'r ffenestr hon?

Ond golau digywilydd
yw golau dechrau y dydd,
mae'n burdan trydan lle traidd,
yn sinig llithrig llathraidd,
mae'n dadmer pob ffalster ffôl,
mae'n onest, mae'n annynol.

Â bwyell aur ym mhob lle,
barus yw haul y bore
dry ludw oer o lwydwawr
yn euro gwych torri gwawr.

Yn fflam burdan drwy hunan-drueni,
yn waedd o heulwen, daw sylweddoli,
yna'r distawrwydd na ŵyr dosturi;
ond mae ymgeledd, cans clywaf weddi
dawel dwym d'anadlu di'n dynerwch,
a gwawria heddwch lle y gorweddi.

Dyna huodledd sy'n dy anadlu
i danio cerrynt trydan ein caru,
ei sisial cynnes isel yw canu
tawel ein hasiad, dy law'n anwesu,
dy wyneb yn mud wenu, dy amrant,
i'r wawr a floeddiant ein gorfoleddu.

Mae ein cariad yn llam ein cyhyrau,
mae yn ehedeg chwim ein heneidiau,
yn nhes ein gilydd, anwes ein golau,
mae'n tywynnu, yn tynnu ein tannau,
y mae ynom emynau ein serch ni,
ynom yn gweiddi mae hen gywyddau.

Yna daw eiliad sydd yn dawelwch,
eiliad sy'n gariad ac yn hawddgarwch,
y tyrr y cryfder sy'n ein tynerwch
yn rhydd, a'i egni sy'n her o ddygnwch
i ddal yn ein hanialwch dinesig
a'n brys anniddig, ein briwsion heddwch.

Y mae'r ddawn dawel ym mhridd ein deall,
yn had o obaith drwy'r oriau diball,
ond o'r newydd mae pryder anniwall
yn disgyn, disgyn fel hadau ysgall;
bydd heddiw heulog diwall cwmnïaeth
yn troi yn hiraeth, a daw trên arall.

Protest y Ffotograffau, Comin Greenham

Taenwyd atgofion tyner, – a thaenwyd
    pethau annwyl pryder;
   lluniau wynebau yn her:
   lluniau bywydau'n bader.

Arwr

Yn llanw ein dicllonedd – hirwyntog
    rhoir yntau i orwedd
   heb air yng ngwaelod y bedd
   i edliw ein huodledd.

Maes Bomio Penbre

Daw rhyw bryfaid arbrofol – i golio
    tir Gwalia'n ddireol,
   a'r haint a ddaw ar eu hôl
   yw'r malaria milwrol.

Gwyrth

Y moliant sy'n ymylol; – diangen
    ydyw engyl gwyrthiol
  mwyn eu cân; mae mab mewn côl
  a chri'r geni'n ddigonol.

Oxfam

Heb nerth ond nerth y gwanhau – sy'n barlys
    brawychus drwy'u breichiau,
  heb rym, ond mae'r plantos brau'n
  sigo'r byd â'u 'sgerbydau.

Mladic

Y dwylo gwaed a welwn – yn symud,
    â rhesymeg pastwn,
  werinoedd i dir annwn
  yng ngwyddbwyll gorffwyll y gwn.

Malu

Mewn bar twym un bore teg
eisteddais. Wedi deuddeg
parhau a wnes drwy'r prynhawn
i eistedd yno'n ddistaw'n
mwynhau, dros fy lemwnêd,
wrth gael hoe, ac wrth glywed
swn di-baid beirniaid o'r bar,
gwŷr llog y geiriau lliwgar,
yn seiadu yn siwdaidd,
heb hiwmor, yn bropor braidd.

Dyrnaid o ôl-fodernwyr
a bôrs yr ôl-farcsiaeth bur
a thwr o ôl-strwythuriaid
ar led yn hyfed mewn haid,
gan ddadlau am oriau maith
mewn hyddysg ymenyddiaith
yn groch ac mewn geiriau od
am fanion mwyaf hynod
a throeon theorïau
rhyfedd llên, fel perfedd llau.

Hyd ferw nos y dafarn hon,
meddwai'r academyddion.
Troes trafod yn dafodi,
a lle bu gwarineb, gri;
geiriau llym wedi pum peint
a chwffio wedi chwepheint,
cyn i un strab cynhennus
eu huno drwy bwyntio bys
at ŵr ifanc reit ryfedd
od ei wisg a llwyd ei wedd,
a gwaeddodd gan gyhoeddi:
"Rhyw ddiawl o fardd welaf i,
un o hyrddod blin Barddas,
eu camp mawr yw cwympo mas;
anhyddysg gynganeddwyr
cywyddlyd, cysetlyd, sur.
Mae bwrlwm eu rhigwm rhwym
heb gynildeb, gân eildwym,

yn angau i glustiau'n gwlad,
yn ddadwrdd o draddodiad."

Tawodd, a gwaeddodd y gyrr
un "Amen" fel emynwyr.
Y gŵr ifanc a grafodd
ei ben, roeddent wrth eu bodd
yn ei wawdio. Ond codai.
Ni welwyd un llipryn llai
ei faint, cans go brin ei fod
mwy nag esgyrn mewn gwasgod
bron, ond llefarai yn braf,
yn Siôn Cent o'i sŵn cyntaf:
a thyngai'n boeth ei angerdd,
"Onid yw'n gaeth, nid yw'n gerdd."

Bu'r bardd yn bwrw'r byrddau
o ddeg tan chwarter i ddau,
a tharanai'i athroniaeth
ar gywydd yn gelfydd gaeth:
"Rhydd yn wir yw'n hengerdd ni,
rhyddid sy'n canu drwyddi:
rŷm ni yn ein cerddi caeth
yn hawlio ymreolaeth,
eu sain parhaus yw'n parhad,
geiriau rhydd ein gwareiddiad.

"Chwi fyrnau sych o feirniaid
heb gerddi ond poeri 'Paid',
nid oes yn bod ormodiaith
all ddyfalu'ch malu maith;
ŵyn gwan sy'n dilyn mewn gyrr
ofer lwybrau vers-librwyr
a'u brefu 'dewr' arbrofol
beirdd esgus, ffuantus ffôl.
Ôl-bobol ŷch heb wybod
ffaith anghymhleth beth yw bod,
dim ond rhyw ôl-fodoli,
yn chwerw am na chenwch chi,
yn gaeth i'ch damcaniaethau
a'ch yfed, chwi bryfed brau.
Y chwain, fe'ch rhybuddiaf chi,

ymaith yn awr, cyn imi
i'r eigion eich hyrddio'n haid
yn gig moch i gimychiaid."

Oedodd, a'r barman sydyn
i fi'n ddig ofynnodd hyn:
"Ti henwr, clywaist heno
y ddau a fu'n dadlau, do,
er mwyn dadmer eu cweryl
rhanna dy farn â dau ful."

Atebais innau, "Tybed
ai doeth fyddai hynny, dwed?
Fy mrawd, am nad wyf mor hy,
na, *nid* wyf am feirniadu;
i mi, byddai'n ffwlbri ffôl:
fi yw'r henwr cyfriniol
fu erioed yn rhodio'n frau
yn huodledd ein hawdlau;
mwydro bant am dorri bedd
a rwdlan am fyrhoedledd.
Hyd fy oes fy nhynged fu
dweud fy lein a diflannu,
A 'rwyf yn mynd i brofi
hynny'n awr ..."

A dyna ni.

Jazz

Bro'r cotwm yn fwrlwm fydd – yn fiwsig
    Draw ar faes y cystudd,
drwy'r nodau, daw rhwymau'n rhydd:
dynion yn cael adenydd.

Iwerddon

Edliw mae dwylo gwaedlyd – ei heddwch
    heddiw, gan fod ysbryd
    ei meirwon yn ymyrryd
    ym musnes hanes o hyd.

Sglefrwyr Iâ

A welsom ni atomau – ar ruthr
    drwy yr ether tenau
    yn ceulo'n foleciwlau
    wrth gydio dwylo ill dau?

Swbwrbia

Cloi y car rhag y barbariaid, – osgoi
    pob sgwrs gan droi llygaid,
  cloi drws rhag holi di-raid,
  cau llenni, colli enaid.

Gwarant Dienyddio

Ganddo mae'r beiro yn barod – o'i flaen
    i gyflawni'r ddefod;
  enaid byw'n peidio â bod,
  a'r llafn yn torri llofnod.

Morfudd Llwyn Owen

Y mae ias yn ei miwsig – a rhywle
    mae'i hathrylith unig
  ynom oll yn chwarae mig
  fel nodau diflanedig.

Tjuringa

Un llais 'feddiannodd ein llên,
a rhewodd ffrydiau'r awen.
Fferrodd ein metafforau
yn henaint, yn haint, yn wanhau,
yn farw, yn oferedd
caru byw, yn gancr a bedd.

Llais un cyndad: caniad cant
a dafodai'n difodiant,
creu'n tranc o roi enw trwm
galar yn rhodd i gwlwm
cymhleth holl benbleth ein bod
a'n harfer byw anorfod.

Ond daeth dadmer lleferydd:
â chân dwym o wreichion dydd
deffroaist fferru'r awen
ac amlhau lleisiau llên.
D'wedaist, fel ein cyndadau,
enw'r ddawn o ymryddhau.

Do, enwaist ein dadeni
o laid ein hynafiaid ni,
a'u llu'n awr sy'n llawenhau
yn lluosog eu lleisiau,
a gwlad annileadwy
yw cân eu dychymyg hwy.

Pysgota

Fe geir hedd i'w ryfeddu – o wylio'r
    wialen yn crynu,
  disgwyl cyffro plycio'r plu
  a brithyll tew yn brathu.

Glaw

Eto heno daeth henwr – i wylo
    ei alaeth fel neithiwr;
  ni thosturiwn wrth hwnnw
  'roedd angau'n y dagrau dŵr.

Croes Nanhyfer

O fewn hon mae'n cof ninnau – a'n heddiw'n
    cordeddu â'n hangau,
  ac fe red pwyth ei hedau
  yn blethyn drwy'n brethyn brau.

Llwy Garu

Er mor dyner fu'r cerfiad – yr addurn
    sy'n rhwydd ei ddirywiad,
  nid o'r cŵyr y daw'r cariad,
  yn y pren y mae'r parhad.

Heysel

Lle bu braw, galar tawel – a wyrodd
    y baneri'n isel,
  a chwerw yw pob chwarae pêl
  yn nherasau oer Heysel.

Peilat gerbron Crist

A raid wrth ein gwaradwydd? – un ydoedd
    yn gwneud ei ddyletswydd,
  trin y Sanct o ran ei swydd:
  anhydrin Ddiniweidrwydd.

Sbengerdd

Hydref 10fed 1993. Cyhoeddir hunangofiant y Farwnes Thatcher yn blastar dros y Sunday Times. *Rhywle yng nghrombil y papurau eraill, ceir hanes ymchwiliad yr Arglwydd Ustus Scott i helynt gwerthu Arfau i Irac.*

Neidio o brint pennawd bras
mae geiriau llym ac eirias
atgofion drud digofaint,
hanes un o blith y saint.
Gwarcheidwad gorwych ydoedd,
os coeliwn hi, seiclôn oedd
yn chwythu gwe y chwith gwyllt
ymaith â'i hegni ffromwyllt.
Hi oedd nyrs ein llynedd ni,
yn ei dygnwch yn dogni
ei wermod rhag bod gormes
iaith wlyb y wladwriaeth les
yn heintio ysbryd antur,
oedi pyls y rhyddid pur
sydd yn hybu diwydiant.
Nid yw'n syn ei bod yn sant:
fel Ffransis o Asisi,
cerddai hedd lle corddai hi.

Ond i mi mewn pennawd mân
y caf y darlun cyfan,
yn syber a disebon,
lle mae sens, a lle mae sôn,
mewn print pŵl yn fanwl fach,
am fusnes rhemp, am fasnach
fyn ryddid i broffidio
o bawb, pwy bynnag y bo:
daw bwledi o bladur,
o grymanau danciau dur.
Mae Prydain i rywrai'n rheg,
a chnul yw ei thechnoleg:
onid oedd yn hogi dur
a phesgi boliau'r ffasgwyr,
mêts Peròn, braddugion bras
wnâi fynwent o'r Malvinas?
Sawl biwrocrat sy'n cwato

y gwir, a'i feistir, a fo
ei hun, rhag ofn y mynnir
cael canfod gormod o'r gwir?
Gair neu ddau'u 'gwirionedd' hwy
nid ydynt yn wadadwy,
hawdd yw ein hargyhoeddi,
a dyma wnaed, am wn i.
Gêm fach, igamogam fu,
gwyddbwyll o dwyll a dallu,
rhoi hanner y gwirionedd
i'r byd, dyna i gyd, â'i gwedd
fel ei llais yn fêl a llym,
yn oslef siwr, ledneislym.

Ond ni ŵyr dynion eira
mor hawdd mae cwlwm yr iâ
yn dadmer dan bŵer byw
yr haul, ond y mae'r rhelyw'n
dysgu nad osgoa neb
ei wên ddi-dderbyn-wyneb.

O dan yr haul, dod yn rhydd
y mae cwlwm y celwydd.

Rhesymeg (1988)

am fod y British yn telecomaidd
am fod y gwyrthiau yn economaidd
am fod y dadeni'n ddiwydiannol
am mai brad yw credu'n wahanol
am fod pob budd-dâl yn atodol
am nad yw tlodi yn orfodol
am fod y farchnad yn farchnad rydd
am fod y *Times* yn cynnal y ffydd
am nad yw pensiwn yn prynu fôt
am nad oes gwarth mewn troi dy gôt
am mai menter yw enw'r diwylliant
am hynny y bloeddiant ac y canant
am nad oes gwerth ond pennu prisiau
am fod gennym nerth i ddringo'r grisiau
am fod ein dwylo bach yn feddalwyn
am nad oes *mileage* mewn cadair olwyn
am nad oes *dry rot* eto yn Radyr Cheyne
ni fyddwn ni'r ifanc
y bythol ifanc
tra byddom yn tyfu'n hen

Doniau Gwilym Herber

Englynion i ddiolch i Gwilym Herber am wneud rholer gardd

Hirben yw Gwilym Herber, – werinol
    beiriannydd, ac wele'r
    ddawn sydd ganddo'n gweithio gêr
    yn athrylith ei roler.

Dychymyg gwlad a Chwm Clydach – a dawn
    eu dweud yw ei linach,
    nid oes awen lawenach
    nag awen bardd Tŷ Gwyn Bach.

Dawn troi llwch dinatur y llawr, – a'i wneud
    yn Eden o bersawr,
    yn baradwys gynhwysfawr,
    gardd fach yn flodeugerdd fawr.

Un croeso cynnes cynhesach – nid oes
    na dawn sgwrsio ffraethach;
    gwn y bydd yn Nhŷ Gwyn Bach
    allwedd i fro cyfeillach.

I Wirfoddolwyr Tŷ Tawe

Noeth yw llên heb waith eu llaw; – heb ddawn caib
    byddai'n cân yn ddistaw;
    heb drin pâl, mud pob alaw.
    Beth yw'r Iaith heb weithwyr rhaw?

Cwango

Mae'r hawl i ymreolaeth – yn handi
    i ffrindiau'r llywodraeth
    er atal democratiaeth;
    am hynny mae'n Gymru gaeth.

Bro Bagan

'Mhen draw Llydaw, mae lleidir – yn rhegi
    ger creigiau'r arfordir,
    yn pwyntio tua'r pentir
    a'r tai rhwng y môr a'r tir.

Noson Gynnes, Noson o Awyr Las

Noson gynnes, noson o awyr las,
noson o syllu hebot ar y sêr,
cysur pellennig oer canhwyllau gwêr
gynheuwyd ar gandelabra grisial plas,
lampau'r bydysawd gwag yn llosgi mas
heb neb yn dyst i'w toddi araf blêr
ond un â'i weddi ddistaw yma'n lle'r
arferai chwerthin fod a lleisiau bras.

Beth yw'r fath fustachu ar y gorau?
Hunan-dosturi a geirioldeb prysur
ymennydd a ffug-emosiwn yn cystadlu
mewn print ar bapur. Beth yw metafforau
chwil mewn difri' calon wrth y cysur
sy'n ein cyd-orwedd, yn ein cyd-anadlu?

Yn Sugno Bron Maria

Y Crëwr bach sy'n crïo
(onid o raid?) ambell dro,
achwyn ei gwyn, 'stumio'i geg,
gan chwennych sugno 'chwaneg.
Ei dad sy'n ei godi o,
y saer am ei gysuro,
sy'n gwenu, yn canu cân,
heb lwyddiant, a nawr bloeddia'n
Gwaredwr blin (os dinam)
am burdeb cymundeb mam,
ac mae'r saer yn lapio siôl
yn gynnes neis am ganol
ein Hiachawdwr, a chodi
Brenin Nef at ei bron hi
am faeth y blaenllaeth, a blas
pur a thyner perthynas
â'r un fu'n ei garu Fo
cyn ei fod. Cwyn ei fwydo
dry'n rwndi swci, yn su
tyner gwefusau'n tynnu
yn farus bob diferyn
heb oedi dim. Mab y Dyn
â'i law fach sy'n dal ei fyd,
ei afael sy'n cau hefyd
yn dynn dynn am gudynnau
ei gwallt, a'i fysedd yn gwau
drwyddo, cyn llacio o'r llaw
yn dyst i'w gysgu distaw.

Ac osgo mud ei gysgu
sy'n hedd in drwy'r noson ddu:
Hogyn Bach yn sugno bawd
hyd oesau y bydysawd.

Hunllef Slob

Trwm yw 'mol o fwyta'r mins:
trymach o sglaffio'r trimins,
y grefi gorau hefyd,
oedd o gylch yr ŵydd i gyd.

Pedair sosej a swejen – a nionod
   (neu winwns), moronen,
  merllys, pys, ac, ar eu pen,
  stwffin neis 'da phanasen,

tatws, bresych, sbrowts brwsel – a rofiais
   rywfodd mewn i'r twnel,
  gan duchan, a'm bola'n bêl:
  bu agos torri bogel.

Mae ôl y menyn melys
heno'n dew ar fy llewys:
mae ei staen yng ngraen fy nghrys.

A nofio mae yn fy mol
lond llestr o golestrol
y menyn annymunol.

Hyd fy oes, nid oes un dig,
un boen gyffelyb i big
dialedd pwdin dolig.

O'r botel, gyda'r bwyta,
ces ormod o ddiod dda,
a gwae! nid ydoedd y gwin
yn peidio wedi'r pwdin.

Codaf yn awr o'm cadair
yn goch, a heb dorri gair.
Ing a siom! mae 'nghoesau i
(myn jawl) fel blwmin jeli,
yna'n blwmp, 'rwyf yn cwmpo
i'r soffa'n llipa fel llo,
ac yn glaf fe wyliaf i
y tail sydd ar y teli:

Mae'r cwîn; Americaniaid;
a 'sing with Bing' yn ddi-baid;
a rhengoedd o gyfryngis
smyg a recordiwyd ers mis;
Ba, hymbyg! ac mae bimbos
yn cael hwyl 'da Santa Clôs.

Ond af, tra bo'r tân yn dwym,
o'r anialdir sgrîn eildwym
ar ffo, a breuddwydio'n ddel: – daw atgo'
eto, a'm cipio yn ôl i'r capel:

Doethion, angylion yn aflonydd
wrthi'n cecran dan eu hadenydd,
y gweinidog annedwydd – yn dweud 'Paid!'
a bugeiliaid yn colbio'i gilydd.

Mae brith gof yn torri drwy grofen
fy hunllefau, gan fynnu llefen,
rhyw gymell pell drwy 'nghur pen: – do, neithiwr,
dwi'n o siwr i mi weld un seren.

Marwnad Fach i Kilian

Heno mud yw'r hogyn main
rwygwyd yn ddeg ar hugain
o'n plith; y mae parabl hwn
yn fud. Pa fodd tafodwn
angau, â'n tafodau'n fwg?
Ni roir galar o'r golwg
mewn gair. Pa fodd y geiriwn
roi'i lwch oer yn y blwch hwn?

Cwm Tawe

(ymson colier)

Mae craith fy nhalcen heno'n
llach glas lle'r aeth llwch y glo
i'r briw, ac mae eco'r brad
yn chwip sych pob pesychiad;
coch yw chwydd a chraciau chwys
dwylo araf dolurus.

Hyn ydyw'r cwm wedi'r cau
a thanio'i holl wythiennau:
daeareg didosturi
yn fyw yn yr hyn wyf i.
Â hwn yn rhan ohonof
pallu cau mae pwll y cof.

Wedi Cyngerdd gan Bob Dylan

(*amser maith yn ôl*)

Yn floesg a'n gwalltiau yn flêr, – yn gŵn drain
    yn Llundain a'i llawnder,
yn syllu'n syn ar y sêr
wedi gwrando gerwinder.

Gerwinder canu grwndi – a chanu
    croch enaid yn gweiddi,
yn gyhuddiad mewn gweddi,
yn osber craster mewn cri.

Gosber y saint disberod – a safai
    mewn gorsafoedd dinod
anniben, heb adnabod
Duw fel trên araf yn dod.

Dod yn drên drwy holl drueni – y byd,
    cerbydau goleuni'n
ymlwybro heibio, â hi'n
oesoedd ers dechrau nosi.

Oesoedd. Mae'r trên 'di pasio'n – ara' bach,
    crebachu'n atgofion
fel y sêr, fel ei lais o'n
rhyddhau ein gwalltiau gwylltion.

Wrth Wrando *Croendenau* Steve Eaves

Mae'r canu'n drist am *rock and roll*, – yn drist
    am y drwm a'r heol,
   am heulwen sawl gorffennol
   yn drist, ond mae dau ar ôl.

Tai Newyddion

Yma'n y Sowth y mae ein sôn – o hyd
    am goedydd ac afon,
   daear las ar ben draw'r lôn
   a heddwch Tai Newyddion.

'Porth yr Aur'

Heddiw ydyw'n traddodiad – a heddiw
    yw craidd ein gwareiddiad;
   heddiw yw pridd y parhad,
   heddiw yw'n hargyhoeddiad.

Ar ei Gulni

Pwy hidia am iaith pader? – Ein deall
　　　a wna Duw bob amser;
　　er hyn, rwy'n methu'n fy mêr
　　â rhoi ffydd yn 'Our Father'.

Cwm-yr-eglwys

Gwylan haerllug a glaw yn arllwys,
cŵn, tai haf ac acenion Tafwys,
tonnau a beddau ar bwys a chreigle;
mae rhyw wagle yng Nghwm-yr-eglwys.

Noswyl Nadolig

Un seren a gonsuriaf – i wenu
　　　yn fy mhen, ac wylaf
　　yn dawel, am na welaf
　　innau ond tarth Afon Taf.

Aber Henfelen

agor drws, gwyrdroi rheswm,
nef yn troi'n atgofion trwm:
wedi arlwy, daw hirlwm.

agor drws, rhwygo'r drysi,
tyfiant moeth, a dinoethi
i'r bôn ein hatgofion ni.

agor drws, gwaredu rhith
gwacter ein pleser o'n plith:
hud cof alltud ddaw'n felltith.

agor drws, gwawrio dryswch
tanbaid i'n llygaid, a llwch
y co' wedi'i rwydo'n drwch.

agor drws i grwydro hir
hyd droeon atgofion gwir,
troeon cyson y caswir.

echdoe dial a malais,
heddiw edliw ac adlais:
agor drws i'r gwŷr o drais.

Imperialaeth

Unlliw yw byd ein hunllef,
swˆn un llais a sain un llef,
y siarad traws-Iwerydd
sy'n mynnu'n dyrnu bob dydd,
geiriau anwar gwarineb
disberod, sy'n 'nabod neb;
pob ffug wên yn heulwen ha',
seicoleg pepsi-cola.

Os daw'r hwyl i'r festri hon
efallai cawn, gyfeillion,
rannu, yn ffrwd ein talwrn ffraeth
amryliw, ymreolaeth.

Mewn Eglwys

Disgleirio mae sêr
canhwyllau'r werin,
gwerth hatlin o wêr
i'r Forwyn Fair,
a phob un yn aberth,
yn weddi ddistaw,
yn gadw cyfrinach
heb dorri gair.

Cael seibiant mae saint
Cymdeithas yr Iesu
rhag synio am faint
dirgelion gras,
eu llygaid yn llarpio'r
goleuni glanwedd
a'u sibrwd yw *Sancta
simplicitas.*

Disgyn mae Duw
drwy grac yn y nenfwd
fel glöyn byw
at oleuni'r fflam,
er mwyn whare cwato
â'r llafnau disglair
a byw yn beryglus
heb wybod pam.

Wang Wei Lin

Mae gair ym mwrlwm y gwynt,
y gair sy'n llywio'i gerrynt;
mae'i si lle bu gormes hen
yn sibrwd llais y wybren.

Heno ym Maes Tiananmen
ym mloedd y lluoedd llawen,
y gair sy'n blaguro'n gân
y gwanwyn, ac egina'n
daerineb triw diniwed
yr ifainc cryf yn eu cred.

"Mae'r henwyr fel memrynau
heb rym i'w goroesi brau
ond grym hen ideogramau,

henwyr yng nghorwynt hanes
yn dal i gofio hen des
a'u sloganau'n siôl gynnes.

Ni yw tanchwa toriad dydd,
ni yw'r haul sy'n codi'n rhydd,
a ni yw'r bore newydd.

Ninnau yw grym y gwanwyn,
ni yw y lliw ym mhob llwyn
a phranc wedi tynnu'r ffrwyn.

Dynion yr hen ddadeni
a wnaeth ein caethiwed ni
o eiriau ar bosteri.

Eu gwaed oer fu'n gwadu hedd,
geiriau hen eu gwirionedd
nawr yn eiriau anwiredd.

Hen eiriau hawl bod yn rhydd
yw'n rhai ni nawr o'r newydd,
ni biau'r geiriau fu'n gudd."

Ond daeth taw ar yr awel,
adain y gwynt o dan gêl,
a daeth braw yr adwaith brys
tan boer y tanio barus.

I dir y gwanwyn daw rhuo gynnau,
a throi at encil rhag rhuthr y tanciau
y bydd eu carlam yn atgof mamau:
daw dial y frwydr i ladd delfrydau
a thagu gobaith hogiau, – gobaith hedd,
mur didrugaredd yn mwrdro'u geiriau.

Yma mae lladdfa, a'r gwersyll addfwyn
fel plu yn chwalu dan dreisgyrch olwyn
magnelau trwm, ac yn ôl eu tramwy'n
staen ysgarlad mae gwaed lle bu cadwyn.
Y mae'r hogiau brau fel brwyn – o'u blaenau:
metel gynnau ym mhetalau gwanwyn.

Bu yma garu a siarad gwrol,
bu cusanu ac areithiau swynol,
bu rhethreg a chwerthin swil cyfriniol,
ond nwyd a drowyd yn fraw direol.
Ni ddaw neb i'w hedd yn ôl, – merch na llanc,
na chân ifanc i Borth Heddwch Nefol.

Maes Tiananmen
wylo halen:
rhua'r awyr
yn dân a dur,
damsang angau
brwnt y plant brau,
hyrddio harddwch
i'r llawr a'r llwch.
Wylo halen
Maes Tiananmen

Mae un eiliad a phob manylyn
eto'n aros fel atgof rhosyn:
saif y magnelau yn syn – a chegrwth
eu sioe o fygwth: a saif hogyn.

Llefnyn o hogyn o'r dorf agos
fel gwreichionyn ar ganol dunos
yn neidio o'r marwydos – a chreu tân:
un yn herian, a'r tanciau'n aros.

Llencyn penstiff yn hawlio'r briffordd,
herian uffern yn flêr anhyffordd,
un dyn gwan fel swadan gordd – i gyrch chwyrn:
croen ac esgyrn yn crynu gosgordd.

Lledu breichiau rhag llid brawychus
egni berw y gynnau barus;
un hogyn â'i gorff bregus – yn darian,
yn gawr bychan rhag y rhaib awchus.

Llygaid glaslanc yn rhwystro tanciau,
oeri ynni crombil peiriannau,
rhythu a'u rhewi hwythau – fel cŵn dof:
ni bydd angof y beiddio angau.

Cysur yr henwyr fydd gorffwys heno,
llacio cyhyrau'r dyrnau fu'n darnio
afiaith a gobaith cyn eu hysgubo
i waedu'n gelain, a'r byd yn gwylio.
Er cau eu calonnau clo – mae murmur
eto'n yr awyr. Mae'r gwynt yn rhuo.

Hen yw y gwynt, nid yw'n gaeth,
mae'n ifanc mewn hynafiaeth,
a hawlio wna'r awelon
ar eu taith y weithred hon.
Mae huodledd tonfeddi
yn frwd lle bu sibrwd si,
hyd y wifr mae'r sôn yn dân,
hyd y rhwydwaith yn drydan,
enw'r gŵr sy'n llenwi'r gwynt,
y gair sy'n chwyddo'n gorwynt:

hwn yw'r llanc fu'n herio'r llu
yn gadarn wedi'r gwaedu,
urddas afrosgo glaslanc,
greddf gŵr gerbron twr pob tanc:

hwn ydyw'r mab, y dewr mwyn,
hwn yw gwennol y gwanwyn,
hwn yw baner y werin,
hwn yw ei haul, hwn ei hin,
a thra bo ei thir hi byw
hedyn ei gobaith ydyw:
hwn yw egin y blagur
y tyrr ei dwf trwy y dur,
hwn yw'r ffaith nad aiff ar ffo,
hwn yw rhyddid yn gwreiddio.

Saif yn gadarn rhag trais ofn a gwaedu,
saif yn darian rhag gormes taranu
y gynnau meddwon a rhag ein maeddu,
heb ofn yn golofn i'n diogelu:
ef yw'n rhyddid rhag llid llu – y treiswyr,
a saif yn fur rhag safnau'u hyfory.

Hwn yw ein caer, a hwn ein cyhyrau,
hwn yw aileni tân ein calonnau,
ei enw yw enw ein rhyddid ninnau,
emyn ein hyder, fflam ein heneidiau,
ein hencil rhag y tanciau – ym mhob sgwâr,
hwn yw'r un gwâr rydd ystyr i'n geiriau.

Beth Yw'r Sêr?

Beth yw'r sêr?
canhwyllau blêr
mewn eglwys wag yn llosgi'n ddim;

cynheuwyd hwy
am ffranc neu ddwy
gan fysied o dwristiaid chwim.

Arwyr?

Ni fuaswn
wedi dewis
Ambrose Bebb
na Saunders Lewis,

ond tybed lle
buasem heb
Saunders Lewis
ac Ambrose Bebb?

Dwyn Afalau

Gwyn eu byd y rhai
sydd yn dwyn afalau:
cadarn yw eu dannedd
ac ystwyth eu cymalau.

Yn oriau mân y bore
drwy wlith y perllannau llaith
yn sleifio am y gore
wrth eu hyfrytaf gwaith.

Llechant ymysg canghennau
esmwyth, â bachau gwyn
eu breichiau am wddf y prennau,
a'u gafael yn dyner dynn.

Anwesant y ffrwythau megis
cariadon, ac yna'n chwim
ddatod y cwlwm bregus
â'r brigyn, gan adael dim.

Ai dyma beth yw rhyddid
cydwybod heb hualau?
Bendigaid ydyw'r rhai
sydd yn dwyn afalau.

Capel Noddfa

Capel Noddfa gwag ei gragen heddiw,
    heb weddi, heb ddarllen;
lle bu berw, lludw'n llen.

Capel Noddfa, gwynfa gynt ei furiau,
    yma'n ferw rhyngddynt
y rhuai'r gân: nawr y gwynt.

Capel Noddfa'n danchwa dost, – och fy Iôr
    pa chwarae a wnaethost
â ni sydd i gyfri'r gost?

Yng Nghapel Noddfa'r marwor a oerodd;
    Tyf mieri rhagor
a bawa'r cŵn lle bu'r côr.

Yng Nghapel Noddfa oedfa oer heno;
    aeth ei dân yn llugoer,
Ei dŷ heb Iesu'n iasoer.

Abaty Llandudoch

Yn nistawrwydd nos Tiron – mae hanes
    am y myneich meirwon
   a dal i gribinio'r don
   â'u rhwydi mae'r ysbrydion.

Iwerddon

Addolaf y Wyddeles – o Galway
    efo'r galon gynnes,
   ei lol gwerinol, a gwres
   ei gwên dros beint o Guinness.

Darlun

Â'r craen uwch yr harbwr crych
yn llwytho cargo i'r cwch,
cwyd yn ffrae dros y bae bach
lond craig o wylanod croch.

Sgwrs rhwng Llundain a Chalcutta

Un smyg yw dinas Magi:
"Fy myd yw hawddfyd," medd hi;
"antur yw fy mhalmentydd,
moethau yn fy seiliau sydd:
Wyf hoff ohonof fy hun.
Ciniawaf."

Traflwnc newyn
ysol sy 'nhref Teresa,
medd hon: "Mae planhigion pla,
mae haint, ar fy mhalmentydd
a'u gwreiddiau'n fy seiliau sydd.
Rho i law fymryn o'r wledd,
un geiniog o'th ddigonedd."

Ab Iolo

Anwesodd y dail fu dan fysedd ei dad,
blagur enaid y rebel gwâr hwnnw,
y geiriau y bu eu hesgor balch
yn destun cyffro ym Mro mor real
ei bendroni chwyrlïog:
dail yn afradlon hyfrydliw,
yn ir dan wlith yr athrylith remp,
hyd nes i amser, yn ôl ei arfer o,
sugno ias eu perthnasedd
ddalen wrth ddalen, a'u gollwng yn ddawns
hyfrydliw o fyrhoedledd,
a'u troelli hurt tua'r llawr
yn wrtaith mwy i artaith y mab
ac i efrau gwallgofrwydd
a dagai hyd yn oed egin
ei obaith diobaith o,
y murmur o wanwyn ym Mro y memrynau.

P.B.I.

I'm hewythredd diweddar, Artie Thomas a Ken Lewis,
blaenoriaid a milwyr troed yn y Rhyfel Mawr.

Nos Da, Nos Da, fy ngwir Israeliaid,
bu'ch dydd yn llesg a hir,
craciodd cloriau lledr gloyw
teithlyfr Canaan dir.

Braint, braint, fy ngwir Israeliaid,
cymdeithas yn ei dŷ,
tywynned ar bob gwegil heno'r
golau oddi fry.

Mae'n hwyrhau, fy ngwir Israeliaid,
a'ch haul bron mynd i lawr.
Wedi treulio oes yn disgwyl,
dyfod y mae'r awr.

Heno, heno, 'rhen Israeliaid,
eich croen yn sych a chrin,
eto llawn yw'r hen gostrelau,
pur yw blas y gwin.

Tawel heno, fy ngwir Israeliaid,
tawel mewn seddau swil,
tawel addoli a gweddïo,
tawel wedi oes o frwydro,
oes o frwydro i anghofio
cwffio Kaiser Bill.

Euro-Disney

Mor slic mae dwylo Mici
ddi-nam yn ein gwahodd ni,
a gwenu ei fasg annwyl
sy'n datgan mai rhan o'r hwyl
ŷm ni, a rhan o'r mwynhau,
o'i gartŵn lliwgar tenau.

Ymunwn, ni welwn ni
pwy ydyw'r gwir bwpedi,
doliau â dyrnau'n ein dal
yn rhewynt y byd real:
dwylo oer y doleri
sy'n tynhau'n llinynnau ni.

M4

Rhewodd niwl draffordd y nos
a mygu pob dim agos
yn barlys ceir a bwrlwm
chwyrlïog fel triog trwm;
trodd cyffro brwydro ein brys
yn ddawns araf ddansierus,
yn rhyw boenus grwbanu
yn ddall dan y flanced ddu.

Crebachu'n un car bychan
wnâi'r byd mawr, yn gerbyd mân,
a thrydar brith y radio
ar y ffin yn mynd ar ffo,
yn hisian syfrdan, yn su
aflonydd, cyn diflannu,
cyn ffoi, a'm rhoi ar wahân
yn oglau cymhleth Baglan.

'Roedd hedd heb ei ryfeddach
o droi'r byd yn fodur bach,
o wylio dawns y niwl dall
yn arwain at fyd arall.
'Roedd y ddawns yn ymryddhad,
yn ferw i bob cyfeiriad
hyd strydoedd y cymoedd cul;
gwlad sy'n gariad, yn gweryl,
yn gaer, yn ddrws agored,
yn roc a rôl, yn dir cred,
yn rhwd, yn gymeriadau,
yn bridd, yn ddyfalbarhau,
yn ddilèit o ddal ati,
yn frad mân-siarad, yn si,
yn gôr o gyfeillgarwch,
yn llais a gollwyd mewn llwch,
yn gecraeth brawdoliaeth bro,
yn rhaeadrau, yn ffrwydro
egin Mai, yn gân mwyalch,
yn llethr cwar, yn botsiar balch,
yn adfail lle bu rheilffyrdd,
yn ddreigiau oel ar ddŵr gwyrdd,

yn bwll gwag, yn ambell gi,
yn laswellt ger camlesi,
yn wawr deg, yn aur y dydd,
yn dân gwyllt yn y gelltydd,
yn wyll brith, yn wella briw,
yn ddur tawdd a red heddiw
drwy'r cof yn rhaeadrau coch,
yn swta, 'n agos-atoch,
yn llafn cyllell fain cellwair,
yn dro gwael, yn dorri gair,
yn driw, yn haelioni'n drwch,
yn gyhyrau teyrngarwch,
yn filgwn brau rhyfelgar,
yn eiriau sgwrs wresog wâr,
yn lo mân, yn g'lomennod,
yn ddal dig hen ddiawled od,
yn fois iawn efo synnwyr
anghyffredin, gerwin gwŷr
calon feddal a chaled,
yn wmpapa-râ parêd,
yn seiat democratiaeth,
yn aer ffres, yn eiriau ffraeth,
yn rhyddid …
                    ond llofruddiwyd
fy awen dan wlanen lwyd
y niwl, â sgrech technoleg
y radio'n rhwygo fel rheg.
'Roedd gweddi yn llenwi'r lle:
sŵn côr yn seinio Kyrie
i'r byd mawr, i stribed main
coridôr ceir y dwyrain,
i gwmni saff y draffordd,
yn rhannu ffydd yr Un Ffordd,
yn gyrru tua gorwel
ei diwedd hi, doed a ddêl.

Calon Segur

Collodd cenedl ei chwedlau,
ei braint, a'i hawch i barhau,
a'i Gwynfyd, mor hyfryd, aeth
yn ogof o sinigiaeth,
a rhyw dramp ar grwydr oedd
ar goll mewn llyfrgelloedd.

Ond, yn ddistaw, daw dewin
tuag ati'n gweini gwin,
gan gynnig swig, a'r blas sy'
fel heniaith heb ddiflannu.
Un swig o'th Galon Segur
sy'n ffisig i sinig sur.

Ichthos

Hwn ydoedd y pysgodyn,
un llam drwy wyneb ein llyn,
crynu'i don ar ein crwyn dall
esgorodd ar wisg arall.
Un naid o weddnewidiad,
y Tyst oddi wrth y Tad.

Heb olau, llawn amheuon,
stormus a dyrys yw'r don,
eto mae un Pysgotwr
yn dal i gerdded y dŵr
ac i don amheuon mwys
yn bwrw rhwyd Ei baradwys:
Hwn ydoedd y pysgodyn:
Hwn ydyw y Duw a'r dyn.

Noswyl Nadolig

Oes amau? â'r plantos yma – heno
    yn canu carola',
dawnsio a dweud eu nos da'n
hyderus y daw eira.

'Rwy'n gwylio'r wyrth ers oriau, – yr eira
    mor araf, mor olau,
mor drwm, a rhaid i'r amau
gael bod am ddiwrnod neu ddau.

Gwanwyn

Wedi agor y marwor mêl – ynghýn
    mewn canghennau tawel
mae'r fflamau fu gynnau'n gêl:
gwreichion y blagur uchel.

Hwiangerdd Nos Nadolig

Cysga, daw'r lleuad a bwrw'i llewych
arnat, fy machgen blinedig pengrych:
heno 'rwyf am weld yn nrych dy bumlwydd
fy niniweidrwydd, heb ofni edrych.

Cwpledi

Nid heulwen yr hufen iâ
yw heulwen plant Somalia.

Mae ynom, fe wyddom fod,
Afon Irfon anorfod.

Ar faes bowls trofàus y byd,
ai gras yw beias bywyd?

Darlun mewn Albwm Gwyliau

Rhaeadr dawel a welaf – yn y llun
    ond ei llais a glywaf,
  cans ynof, fel atgof haf
  tarana'r rhaeadr hynaf.

Taflegryn

Yn sgarlat o ddifater – ehedodd
    a gadael mewn gwacter
  yn fân bluf o nwyon blêr
  ei frodwaith o ddifrawder.

R. S. Thomas

Er i ddyrnau'r geiriau guro – 'n hegar
    nes agor ohono,
  ni bu drws ei bader O'n
  rhyw hawdd i gerdded drwyddo.

Storm

Gwŷr heriai'r gwynt
dreiddiai drwyddynt,
hogi rhwygo
drwy gnawd ar gno:
y pla chwa chwyrn,
gwasgu esgyrn:
y tân o'r tŵr,
esgyrn-losgwr,
hogwr llygaid,
a phoen na phaid.

Rhy frau yw'n geiriau i gyd – ond erys
y dewrion yn ddelfryd;
yn y cof euog hefyd
mae ôl eu cerddediad mud.

Ddiwedd un Ebrill, ffrwydrodd ein hwybren,
y nwyon halog o'u croth anaele'n
rhwygo â'u grym drwy argae y gramen,
gan chwalu muriau fel cracio cneuen;
sain cnul Chernobyl drwy nen – cymdogaeth,
a daeth marwolaeth mewn môr o heulwen.

Cerddent, ag angau'n corddi – yn y gwynt,
tuag anterth egni
y wawr hon, y tŵr ynni,
eu mynwent, ond herient hi.

Hon yw'r don y bu sibrwd amdani'r
don y bu dyfned ei 'nabod-ofni,
yn ei gwres anghynnes hi – nid oes gras,
mae galanas yng ngrym ei goleuni.

Hon yw y don fu'n dawel yn cronni,
ton ddifaddau a'n tynnodd i foddi'n
ynfydrwydd ei hymchwydd hi – a gwelwn
Annwn a'i helgwn yn rhodio'r weilgi.

Herient fagwrfa'r daran – a'u dewrder
fel diweirdeb lleian,

a thrwy'r tarth i herio'r tân
troedient y llwybrau trydan.

Hen yw'r coed ar lawr y cwm:
y gwres sy'n rhwygo rheswm
a'u sigodd, y gwres egar
a grinodd y weirglodd wâr.

Trydan gwyllt trwy waed yn gwau, – trwy gelloedd,
trwy gylla, trwy geilliau:
yn grawn brwd drwy esgyrn brau
taranodd y niwtronau.

Creuloned curlaw heno
a briw fydd daear ein bro
dan y gawod yn gwywo.

Creuloned curlaw heno
ddyrnodd y tir a'i ddarnio
â hadau ei angau o.

Creuloned curlaw heno,
ni welir harddwch deilio
y coedydd o'i herwydd o.

Llafnau niwtronau'n trywanu – eu cnawd,
yn cnoi'r mêr a'i fferru:
eto, er darnio ei dŷ,
yr enaid nid yw'n rhynnu.

Y glaw distaw didostur
a gwymp heb 'nabod ei gur,
disgyn yn gawod ysgafn
a bywyd ir ym mhob dafn:
irdeb yn glogyn mwrdwr
ac angau mewn dafnau dŵr.
Mae gwrtaith anrhaith yn hwn
a gronynnau grawn Annwn.

Deunaw enaid, un anian – yn dilyn
greddf brawdoliaeth fudan
dry bwerdy yn burdan,
yn lanhau nodwyddau'i dân.

Newydd yw'r dioddef ond hen yw'r ddefod;
poen y defaid pan fo'u tymp yn dyfod:
dwylo diflino a'u gofal hynod
a selog orchwyl noswyliau gwarchod
yn eiddig am ryfeddod – gwaed a chwys,
egni nerfus y geni anorfod.

Araf y wyrth, y mae'r hen ryferthwy'n
gwreiddio, egino yng ngwres y gwanwyn,
tra bo'r glaw distaw yn dwyn – hadau pla:
y preiddiau'n wyna, a'r pridd yn wenwyn.

Trywanai mil nodwydd drwyddynt, – cerddent
i'w cwrdd: arwyr oeddynt,
arwyr yn herio cerrynt
llofrudd yn gudd yn y gwynt.

Nid yw'r pysgod yn codi,
mynwentydd yw'n nentydd ni.

Yntau'r gwynt, yr hyrddwynt, nid aeth, – nid â,
nid oes i'n cymdogaeth
heddiw ôl o'r deunaw ddaeth
yn aros, ond arwriaeth.

Hwn yw'r corwynt syn llosgi'r cyhyrau,
y corwynt twym sy'n crynu atomau
ein gwaed brwd a'n gwead brau, - yn datod
undod ein bod ac ede'n bywydau.

Arwriaeth ry fawr i eiriau —yw hon,
tu hwnt i frawddegau.
Nid yw clod ein tafodau
ger ei bron ond clegar brau.

A ydyw'r meirwon yn cadw'r muriau
rhag y bwystfil cam a aned o'r fflamau?
Drwy'r anrhaith oes gobaith yn gwau – i'r brig
y bydd aredig dros eu beddrodau?

Gwynt ym Mhen-rhys

Ym Mhen-rhys mae'n oer, Iesu,
a'th wynt heno'n hyrddio'n hy'n
llymhau wrth chwythu lle myn.

Ym Mhen-rhys mae 'na reswm
dros herio cred, dros war crwm,
fin nos, a'r nos yn dyfnhau.

Ym Mhen-rhys mae min rasal
filain o'r dwyrain yn dal
yn stwbwl y brics diball.

Ym Mhen-rhys mae henwyr all
herio curiadau corwynt
er rhwygo gên gan ru'r gwynt.

Ym Mhen-rhys mae 'na risiau
noeth lle mae'r gwynt yn hel
berw disberod o sbwriel.

Ym Mhen-rhys mae 'na rosyn
sy'n 'nabod hynt dy wynt di.
Ym Mhen-rhys myn oroesi.

Taliesin

yn gudyll ifanc uwch Argoed Llwyfain
profais ddyfodol y byd,
hogiau'n marw drwy drais a damwain
llygaid dall a gwefusau mud,
ffroenais eu braw ar yr awel filain,
tafodais eu gwaed ar y gwynt o'r dwyrain
a gwelais drwy'r oesoedd lawer celain,
brodyr a brodyr ynghyd.

yn eryr oriog uwch caeau Fflandrys
cofiais y cyfan i gyd,
cofiais drannoeth y lladdfa farus,
gwledda brain ar gelanedd mud,
arwyr toredig yn hercian yn ofnus
a'r baw yn ceulo'n eu clwyfau heintus,
clywais weddïau mamau petrus,
a hedd yn amdói y byd.

yn bengwin styfnig ger Porthladd Stanley
eisteddais drwy'r brwydro i gyd,
llanciau ifanc lleng Galtieri
yn disgwyl diwedd eu byd;
a dyma fy hanes eto eleni
yn gwylio'r byddinoedd ar diroedd Saudi,
yn ddodo drewllyd o flaen y teli
yn heddwch fy nghartref clyd.

Ann Griffiths

Un wâr, un rhy wâr hwyrach, – un rhy bur
    i'r byd a'i ddynionach,
  un gref mewn un oedd gryfach,
  un rhy fawr i Ddolwar Fach.

SALT II

Pa gysur i'r henwyr hyn
yw brwydr y sibrydion?
Wynebau'n fygydau gwyn:
mygydau Armagedon.

Bil Ffôn

Er gwneud syms, cynnal ymson – a hurtio
    bob chwarter yn gyson,
  ni welais, ar fy nghalon,
  un bali ffaith mewn bil ffôn.

Ŵy

Ar destun yr englyn ŵy – y gorais
    heb un gair canadwy'n
  dod i 'mhen; ofer dweud mwy;
  nid ydwyf wedi dodwy.

Hafan

Bu'r nos ag ymchwydd ei thwymyn drwyddi
neithiwr, a hwyliwn i frath yr heli
a ffoi rhag hunllef a chyffro'r cenlli.
Heno, dy weled sy'n f'ysbrydoli;
fy ngorwel tawel wyt ti – ac atat
eto, fy nghariad, dof i angori.

Chwyldro

Uwchlaw tân machlud heno
cymylau sy'n glapiau glo
yn gloywi 'ngwagle awyr,
ar dân, ac mae procer dur
awyren wib yn taro
yn glats ar y talpiau glo.

Isod, mae darfod y dydd
yn dafluniad aflonydd
dros gryndod aur sgrîn y dŵr,
dros ôl mochyndra salw'r
holl lygredd fu'n nadreddu
yn ddwfn yn yr afon ddu.
Awr o gelwydd yw'r golau;
lledrith fel rhith camerâu
ydyw hud darfodadwy'r
fflamau hyn, fel pob ffilm hwyr.

Yma yn gwylio'r fflamau,
heb gydio dwylo, mae dau;
dau hen gariad yn garreg,
yn bâr coll, heb air o'u ceg;
mae dyrnau cau yn y co'n
chwalu tân machlud heno.

Heno, mae pig pob migwrn
yn wyn gan mor dynn mae'r dwrn
yn gwasgu cnawd ac asgwrn;

dyrnau'n cau, a phob cyhyr
yn dynn fel rheffynnau dur,
yn dal i guddio'r dolur.

Â chreithiau hen glwyfau'r glo
yn ddulas yn ei ddwylo,
nid yw pyllau'n cau'n y co'.

Erys taran y tanio – yn ei glust
yn glep, a gwêl eto
awyr yn llawn chwyrlïo
dawns las tameidwns o lo.

Erys eu dawns ar ei frest o hyd, – dawns
    sy'n densiwn disymud,
  yn gofeb gwayw hefyd,
  yn feinwe garreg i gyd.

A heno mae'r gronynnach – yn drilio
    fel mandrelau'n ddyfnach
  i'r bywyn, ac mae'r bawiach
  darnau glo'n ebillion bach.

Chwip ysol yw llach peswch – yn hafnau
    dyfnaf ei eiddilwch,
  dyrnu llafn wna pob darn llwch
  yn arw i'r tynerwch.

Am holl bryder blinderog – ei oriau
    o lafurio selog
  telwch y llwch iddo'n llog,
  mynwes o lafnau miniog.

Yn y cof eto cyfyd
dyrnau cau y streic o hyd...

    Oer yw tawch awyr Tachwedd
    fel bys o afael y bedd,
    yn cydio yn y coedydd
    digalon a surion sydd
    â'u gwreiddiau fel dyrnau'n dal
    er rhynnu'n y tir anial,
    a'u gafael ddi-ffael fel ffydd
    yn hollti pridd y gelltydd.

    Ger y pwll mae grŵp allan
    yn ceisio twymo ger tân,
    yn erlid peth o'r hirlwm
    o'u traed gyda'u stablach trwm,
    yn disgwyl ac yn gwylio
    yno'n stond, hyd nes daw o
    drwy'r gwyll, a phelydrau'i gar
    yn lluchio'u golau llachar
    i ergydio ar goedwig
    ddifaddau y dyrnau dig.

Yn y car mae wyneb cudd
yn cilio mewn cywilydd.

Yn y car mae aeliau'n cau
i ogrwn cwsg o'r dagrau.

Yn y car mae llanc, a hedd
yn hogi llafn unigedd.

Yn y car mae enaid caeth
mewn newyn am gwmnïaeth.

Yn y car mae cyhyrau
yn awr yn araf dynhau:
Yn y car mae dwrn yn cau.

Erbyn heno, heibio'r aeth
degawd o rwystredigaeth:
a'r henwr sydd yn crynu
o gofio'r dadfeilio fu.
Heno, clywch, drwy'i beswch claf,
ei eiriau distaw araf:

"Nid yw'r pwll yn bwll bellach,
ni bydd ond rhyw ddarnau bach
o bethau brau a barha
yn hawddfyd amgueddfa.

Mae gwast lle bu bwrlwm gwaith,
uffern o sbwriel diffaith,
llanast rwbel a gwastraff,
darnau o rwd, rhyw hen raff,
rhannau o'r gêr yn rhu'r gwynt
sy'n treiddio'n gyson trwyddynt.

Heibio ddoe aeth pob addewid: – yma,
      yn amau a gofid
    chwilfriw ein heddiw di-hid,
    cau dyrnau yw'n cadernid.

Yma o raid, Cymry ydym, – yma
      yn ein cymoedd dirym:

yma, gwn, y mae gennym
ein dyrnau'n grafangau grym.

Yma ynom mae hanes – ein brwydr
    drwy bob brad a gormes,
    ynom mae'n grym ni a'n gwres,
    cau dyrnau yw'n cyd-ernes.

Nid wylwn er ein dolur, – wynebwn
    anobaith fel arwyr,
    calonnau fel dyrnau dur
    ar gau i herio'r gwewyr."

Mae hithau'n anesmwytho
yn drist wrth ei chwerwder o,
ei hanadl yn aflonydd
a'i dwrn cau'n bryderon cudd.

Dyfnach na'r siafft yw ofnau,
â'r cawell fel cell yn cau
yn ei cho' heno o hyd,
yn hala ei hanwylyd
fel oen i afael annwfn
wrth ddisgyn, disgyn i'r dwfn
yn nwndwr injan weindio
yn ara' i gladdfa'r glo.
Byw penyd o hyd mae hi
y dyddiau bu raid iddi
droi'i chefn ar y dyfnder chwil
a rhoi'i ffydd mewn rhaff eiddil,
hyd oriau o bryderu,
a'i châr dan y ddaear ddu.
Bob dydd mae hi'n byw ei daith
o waelod y pwll eilwaith,
a rhaff daer ei phaderau'n
dirwyn caets, a'i dwrn yn cau.

Wrth gofio, mae'n llacio'i llaw,
a'i hestyn ato'n dddistaw;
fel mewn gefel, mae'n gafael
yn llaw ei gŵr. Ni all gael

mo'i ddwrn gwag 'nawr i agor,
caewyd y dwrn fel cau dôr.
Yna'n araf, dynerach,
hyd ei fys gwna ei bys bach
i gerdded tuag arddwrn
nes hanner dadmer y dwrn
ac agor y ddôr, a'r ddau
sydd eto'n uno'n Ninnau.

Un eiliad o ddal dwylo
ill dau sy'n cynnau y co',
a'u hen gariad sy'n gerrynt,
yn drydan cusan fel cynt,
a'u henaint hwy'r ennyd hon
yn ifanc mewn atgofion ...

    ... Y cyffwrdd swil mewn caffi,
    ei wên ansicr, a hi
    yn estyn dwylo'n ddistaw
    un bore gwlyb oer o'r glaw:
    ennyd o gyffwrdd dros baned goffi
    a blaenau bysedd yn swil fel gweddi;
    un eiliad yn hudoli dwylo dau,
    yn dala hindda'u dyfodol ynddi.

    A rhedeg brwd cariadon
    drwy'r ewyn, dilyn y don,
    dŵr bas rhwng llyfnder bysedd
    eu traed, yn bictiwr o hedd,
    a'u chwerthin braf mor glir â'r ffurfafen
    yn dôn o obaith, a'u gwallt anniben
    yn y gwynt yn fframio'u gwên wrth droedio
    dan gydio dwylo drwy Awst o heulwen.

Os bu dyrnau cau y co'n
chwalu tân machlud heno,
y mae'r wawr fel marworyn
yng nghof cariadon ynghŷn:
clywch seiniau'u geiriau'n y gwynt,
tafodau ein twf ydynt:

"Cordyn ein hanes yw'n cariad ninnau
sy'n dal i gynnal nerth ein gewynnau,
a hwn 'nawr yw'r grym sy'n rhwygo'r amau
fu'n chwalu gobeithion ein calonnau,
a gwelwn rimyn golau gwawr yn dod,
gwawr y diwrnod y bydd agor dyrnau.

Byddwn yn brydferth, a bydd ein chwerthin
a'n hegni ifanc drwy'n hen gynefin
eto'n blaguro, drwy rwbel gerwin
ein cytir diffaith fel blodau eithin,
o fyw'n wâr dan faneri'n cyndadau,
a daw eu geiriau yn rhyddid gwerin.

Cawn anadlu ymysg y cenhedloedd,
anadlu a charthu'r llwch a'i werthoedd
o'n tir, i gamu yn falch trwy'i gymoedd
eto yn werin ymysg gwerinoedd,
daw ffair o wanwyn i'n dyffrynnoedd ni,
rhed naws direidi ar hyd ein strydoedd.

Yn ddiddig a hardd trwy gymoedd gwyrddion
eto i faddau daw'n hetifeddion,
a'u synnwyr ifanc hyd lesni'r afon;
a chawn eto gyfarch hen atgofion
a rhedeg yn gariadon at y môr
a'n dwylo'n agor yn delynegion.